EXPOSÉ SUCCINCT

DES

MESURES PRISES

PAR LE

CONSEIL EXÉCUTIF PROVISOIRE,

A L'ÉGARD

DES TROUBLES

DE LA CI-DEVANT BRETAGNE,

DE LA VENDÉE,

ET AUTRES DÉPARTEMENS LIMITROPHES.

A PARIS,

De l'Imprimerie de la Gazette de France Nationale, rue des
Marais, N°. 2, Fauxbourg St.-Germain.

M. DCC. LXCIII. (1793)

EXPOSÉ SUCCINCT

Des Mesures prises par le Conseil Exécutif provisoire à l'égard des Troubles de la ci-devant Bretagne, de la Vendée, et autres Départemens limitrophes.

FAITS.

Au mois de Septembre 1792, on apprit qu'il se tramait dans la ci-devant Province de Bretagne une conspiration qui avait pour but une descente sur les côtes, combinée avec les Anglais, les Emigrés, les Nobles, Prêtres et Parlementaires de l'intérieur.

Le Comité de Surveillance, instruit de cette conspiration, nomma les Citoyens Morillon et la Touche-Cheftel pour en poursuivre la recherche, et la déjouer avant qu'elle éclatât. Le Ministre Danton leur fit expédier une commission.

Ils se transportèrent sur les lieux : mais l'événement heureux du 20 Septembre, ayant fait rétrograder les Prussiens, les Conspirateurs apparemment ne crurent pas le moment favorable ; tout resta tranquille, l'explosion méditée fut sans doute réservée pour l'année 1793.

Cependant le Conseil ne se fit point illusion sur ce calme : il en profita pour faire passer Cheftel près des Princes émigrés. Ce Citoyen avait ordre d'observer tout, même de s'aboucher avec Calonne, afin de connaître les projets des Contre-Révolutionnaires. Le Ministre des Affaires Etrangères, particuliérement chargé de la poursuite de cette affaire, envoya en même temps en Bretagne le Citoyen Morillon, pour achever la découverte des Conspirateurs. Il le fit suivre de près par un Commis de son Département, qui, à l'insu de Morillon, prit toutes les informations qui étaient à sa portée. Ces informations étant entièrement conformes à celles données par l'Émissaire, et le rapport de Cheftel, revenu le 24 Janvier, ne laissant plus aucun doute sur le complot

A

formé en Bretagne, de concert avec les Princes émigrés, le Ministre des Affaires Etrangères présenta au Conseil un Mémoire détaillé sur tous les renseignemens qu'il s'était procuré, et demanda qu'il fût pris des mesures immédiates pour faire arrêter tous les Chefs connus, et saisir leurs papiers.

Le 3 Février, des arrêtés furent pris, et des commissions expédiées, pour exécuter ce plan d'arrestation. Mais un Membre ayant observé que le Conseil n'avait pas le droit d'ordonner des arrestations, on en fit le rapport au Comité de Sûreté générale.

Le Comité s'assembla le 6, pour entendre le rapport du Ministre des Affaires Etrangères. Il décida que le Conseil avait très-bien fait de s'abstenir de donner des mandats qui lui étaient interdits par la Loi. Le Comité décerna le lendemain des mandats d'arrêt contre les Chefs et leurs complices, et nomma deux Commissaires pour exécuter ces mandats, et amener à Paris les coupables, avec leurs papiers et effets de conviction.

Les Commissaires se transportèrent directement à la résidence du Chef des Conjurés (La Rouerie). Ils apprirent qu'il était mort le 30 Janvier ; ils firent exhumer son cadavre, pour constater le fait. Ils arrêtèrent tous ceux qui se trouvaient dans sa maison. Ils firent saisir les autres complices et tous les papiers, dans lesquels se trouvait, entr'autres, la correspondance des Princes, et les brevets donnés aux Conjurés de la part de ces derniers. *Deux* des complices se trouvèrent alors à Paris. D'après un lettre écrite de Rennes, ils furent arrêtés le jour même de la réception de la lettre.

Le 11 Mars, le Comité instruit par le Conseil Exécutif, que l'on voulait faire évader les prisonniers, rendit un arrêté pour les faire conduire à Paris, et rendre les Autorités constituées responsables des événemens, si elles se refusaient aux requisitions nécessaires pour s'aider de la force armée. Quatre jours après le Comité fit rendre un décret absolument conforme. Ce décret fut envoyé par un courier extraordinaire ; et le Conseil Exécutif donna des ordres pour que la force armée secondât la translation des prisonniers de Rennes à Paris.

C'est donc principalement par la vigilance et par l'activité du Conseil Exécutif, qu'a été déjouée la conspiration de Bretagne.

Si lors des troubles qui éclatèrent dans le mois Mars, la plupart des Départemens de cette Province n'en ressentirent que de faibles atteintes, on le doit à ces premières mesures. On le sentit réellement alors ; et le Rapporteur qui rendit compte de cette affaire à la Convention Nationale, reconnut solemnellement, que le Conseil, en cette circonstance, avait rempli son devoir envers la Patrie.

Pendant qu'on était occupé à s'assurer des Chefs et des complices de cette conspiration, on eut connoissance de quelques légers mouvemens dans les Départemens du Morbihan, et de l'Isle et Vilaine. On attribua cette fermentation au desir de quelques complices de sauver ceux qui avaient été arrêtés, et d'empêcher qu'on ne les saisît eux-mêmes. Ces mouvemens eurent peu de suite. Mais quelques jours après, on fut informé ici, qu'il se manifestait dans les Départemens de la Vendée et de la Loire inférieure une fermentation beaucoup plus inquiétante. Le jour même de la réception de cette nouvelle, le Conseil Exécutif prit les mesures les plus promptes pour en arrêter les progrès. Par une délibération en date du 18 Mars, le Général la Bourdonnaie reçut l'ordre de rassembler à Nantes *six mille hommes* d'infanterie, *deux* régimens de cavalerie, et une artillerie suffisante.

Le 23 du même mois, les Commissaires de la Convention, revenus de ces Départemens, présentèrent le tableau le plus alarmant de l'insurrection qui venait d'y prendre une consistance formidable. Le Conseil Exécutif se réunit sur le champ au Comité de Défense générale pour aviser aux moyens de la réprimer. Après une mûre délibération, le Conseil se retira, et arrêta un ensemble de mesures. Il ordonna qu'il serait formé *quatre* corps d'armée, composés de *trente-quatre* bataillons, de *deux* régimens de ligne, de *deux* de cavalerie et de dragons, des vainqueurs de la Bastille, et de plusieurs compagnies d'artillerie et de chasseurs, avec des Officiers-Généraux, et de *vingt-quatre* bataillons venant de l'armée du Rhin, non-compris les contingens des Départemens voisins, et les gardes nationales qui étaient déclarées en requisition.

Une de ces armées devait garnir la rive droite de la Loire, tandis que l'autre agirait sur la gauche ; une troisième devait se tenir en réserve à Tours ; et un quatrième corps devait former un cordon sur les frontières de la ci-devant Normandie, pour empêcher toute communication entre les mécontens de ces Départemens et les Districts soulevés.

Cet arrêté fut communiqué le même soir au Comité de Défense générale, qui après l'avoir discuté de nouveau, y donna son approbation. Les ordres furent expédiés sur le champ. Le Général Berruyer partit le lendemain pour prendre le commandement de l'armée : les vainqueurs de la Bastille le suivirent. Un courier extraordinaire porta au Général Custine l'ordre de faire marcher sur le champ un détachement vers la Loire. Enfin, tous les moyens disponibles furent employés pour dompter les Rebelles ;

et en très-peu de temps, la Loire devait être garnie d'une armée de *trente-deux mille* hommes.

Le Ministre des Affaires Etrangères envoya en même temps des Emissaires dans les Départemens Septentrionaux pour suivre la trace de la Conjuration Bretonne, et pour déjouer ses complots.

Le 1er. Avril, le Ministre le Brun, conformément à la délibération du Conseil, envoya à Niort, et dans tous les Départemens où la guerre des Rebelles a éclaté, le Citoyen Baudry, un des Chefs du Département des Affaires Etrangères, pour observer les progrès de la rebellion, et en rendre compte au Conseil.

Le 6 Avril, le Conseil adressa aux Départemens une circulaire pour les inviter à lui transmettre régulièrement tout ce qui pourrait venir à leur connaissance, et qui leur paraîtrait intéresser le salut de la République.

Le 18 du même mois, le Conseil fit de nouvelles dispositions pour un autre envoi de *quatre mille hommes*, et il ordonna le départ immédiat de *mille hommes*.

Le 19, le Ministre de la Guerre rendit compte de l'envoi de *dix-sept cens hommes*. Le Conseil arrêta qu'il ferait partir au plutôt les *treize cens hommes* qui devaient compléter les *quatre mille*.

Le 22 du même mois, il ordonna de faire marcher vers la Loire et l'armée de Berruyer un bataillon offert par le Département de la Charente.

Le 25, il autorisa le Ministre de la Guerre à tirer des armées *six* des cadres de bataillons les plus faibles, et à les poster dans la Vendée, où ils devaient se compléter.

Le 8 Mai, il autorisa le même Ministre à détacher une compagnie d'artillerie à cheval, et la porter vers le Département d'Indre et Loire. Il le chargea aussi d'envoyer des piques dans ce Département et dans les autres, qui étaient menacés.

Outre ces mesures prises directement et de son propre mouvement par le Conseil Exécutif, les arrêtés rendus depuis par le Comité de Salut public, doivent être considérés comme communs au Conseil, parce qu'il y a participé par la présence de ses Membres.

OBSERVATIONS

SUR LES FAITS ÉNONCÉS CI-DESSUS.

Toutes les pages de notre Histoire, depuis le commencement de la Révolution, étant souillées des trahisons les plus noires, il n'est pas étonnant que le Peuple Français manifeste souvent une défiance inquiète sur les Dépositaires de ses pouvoirs, et qu'il demande un compte sévère de leur conduite. Cette inquiétude est le caractère du Républicain; elle est la sauve-garde de la République.

Par une suite de cette surveillance, le Conseil Exécutif même a aussi été soupçonné d'incivisme, ou de négligence, à l'égard des troubles de la Vendée. Il est de son devoir de justifier les mesures qu'il a prises : il doit faire plus; il doit prouver que le non-succès de ces mesures a tenu à des circonstances entièrement étrangères à ses opérations. On va répondre successivement aux différens reproches faits au Conseil.

I.

Le Conseil Exécutif a ignoré, ou feint d'ignorer que le Complot de la Bretagne était lié à celui de la Vendée.

Il est de fait que le complot de la Bretagne a été presqu'entièrement découvert par la vigilance du Conseil; que tous les fils ont été suivis par ses ordres; qu'encore dans ce moment-ci, on continue toutes les recherches nécessaires pour en découvrir les complices.

Il n'est pas moins certain que la guerre intestine, qui nous a déjà coûté tant de sang et tant d'assignats, qui nous a causé de si vives inquiétudes, aurait pu avoir des suites plus funestes, sans la découverte du complot de Bretagne. En prévenant l'incendie dans ces Départemens, on a, pour ainsi dire, coupé le feu; on a empêché qu'il ne gagnât les Départemens de la ci-devant Normandie, où sans doute nos ennemis n'avaient point manqué de lui préparer des alimens. On peut juger par quelques mouvemens qui ont eu lieu dans le Calvados et dans la Seine inférieure, que, si les Conspirateurs qui agitaient ces Départemens, avaient pu lier leurs manœuvres et leur insurrection avec celle de la Vendée, par le moyen des Départemens

de la Bretagne, un système général de Contre-révolution aurait
en un moment embrassé la plus vaste et la plus importante
portion de nos côtes. Et qui sait où il se fût arrêté ? C'est donc
le Conseil qui a réellement fait avorter ce plan horrible, en le
ruinant de bonne heure dans son foyer, dans son point central.

Peut-on supposer d'après cela que le Conseil Exécutif, qui
n'a rien négligé pour trouver les traces de cette grande conspiration, eût fermé les yeux sur les liaisons qu'elle pouvait avoir
avec les mouvemens de la Vendée ? Pouvait-il voir moins de
dangers d'un côté que de l'autre ; et une Contre-révolution
commencée dans le Département de la Vendée, pouvait-elle
paraître moins préjudiciable à la République, qu'une Contre-
révolution commencée en Bretagne ?

Mais, premièrement, il est douteux que ce dernier complot
fût lié à celui de la Vendée. *La Rouerie*, Chef de la Conspiration, était incapable de grandes combinaisons. L'audace et
le courage, voilà toutes ses qualités. Jamais il n'en eut d'autres. Un plan concerté avec les mécontens de la Vendée, était
au-dessus de ses faibles talens.

Secondement, les Départemens de la Vendée et des Deux-
Sevres, connus dès long-temps par leurs mauvaises dispositions,
avaient, dès le mois d'Août 1792, été livrés à des mouvemens
très-graves, qui n'avaient été appaisés qu'avec peine par le zèle
des Corps Administratifs, par le courage des Gardes Nationales
des villes, et par les promptes mesures que prit alors le Conseil
pour y faire passer des secours en hommes et en argent. Ainsi
lorsque le Conseil eut étouffé le complot de Bretagne, il eut
lieu de croire qu'il avait achevé de dissoudre les moyens des
Contre-révolutionnaires ; et ce qu'il avait déjà fait dans la
Vendée, dut lui paraître suffisant.

Enfin, il n'est pas moins naturel de présumer que, quand
même les Conjurés Poitevins eussent été liés avec les Conjurés
Bretons, du moment que ces derniers ont été découverts, les
autres ont dû se cacher avec plus de soin que jamais, et s'ef-
forcer d'échapper à tous les soupçons, jusqu'à ce qu'il se pré-
sentât une occasion favorable. On verra tout-à-l'heure que
l'occasion même, qu'ils saisirent aisément pour se mettre en
activité, a pu donner le change sur les intentions des Révoltés.

I I.

Le Conseil Exécutif n'a pas averti à temps la Convention Nationale de la Rebellion qui s'est manifestée dans le Département de la Vendée.

Il est évident que, vu la distance où se trouve le Conseil Exécutif du centre de la rebellion, il n'a pu en être instruit que par les Corps Administratifs. Mais ces Corps déclarent eux-mêmes qu'ils ont été surpris par l'explosion soudaine de ce complot; ainsi, lorsqu'ils en informèrent et la Convention et le Conseil Exécutif, il était déjà trop tard pour la prévenir. On sait que la vigilance et le patriotisme connus des Commissaires de la Convention qui, dans le même-temps, avoient visité tous les ports de cette côte, ne les ont pas mis à l'abri de la même surprise. Il était donc moralement impossible que le Conseil Exécutif eût sur cette rebellion des renseignemens plus prompts que les Administrateurs et les Commissaires de la Convention, qui se trouvaient sur les lieux mêmes.

I I I.

Le Conseil Exécutif a négligé de former l'armée des côtes, qui aurait pu étouffer la rebellion dès le principe, et prévenir tous les maux qu'elle a causés.

En Octobre 1792, il fut décrété que l'on formerait une armée des côtes, mais elle ne put être promptement rassemblée, à cause de la nécessité de réunir et de porter tous les moyens sur les frontières du Nord. On doit se rappeller qu'alors la crainte d'une guerre maritime n'était rien moins qu'imminente. Le Conseil ne put donc qu'avec peine et lenteur, diriger dans ces Départemens quelques forces isolées.

Mais la guerre maritime commençant à se faire craindre, le Conseil s'occupa plus vivement de la formation de l'armée des côtes. Il en nomma le Général. Elle ne pouvait se composer que par l'effet du recrutement général : le Conseil ne cessa de solliciter le décret qui devait le régler.

Le mode de recrutement n'ayant pu être déterminé par les Représentans de la Nation que vers la fin de Février, ce ne fut qu'au commencement de Mars qu'on put procéder dans les différens Départemens, avec plus ou moins de promptitude, à la levée de *trois cens mille hommes*, décrétée par la Conven-

tion. Dans le même temps , les Puissances coalisées commen-
cèrent leurs opérations contre nos frontières, il fallut s'occuper
des renforts demandés à grands cris par les Généraux et les
Corps Administratifs , pendant qu'un grand nombre de volon-
taires se retiraient de nos armées.

Or, c'est au milieu des embarras du recrutement que la rebellion s'est tout-à-coup manifestée. Il paraît même qu'elle aurait
éclaté plus tard , sans le recrutement : les Rebelles crurent le
moment favorable , en mettant à profit la fermentation excitée
par quelques dispositions rigoureuses qui entraient dans le mode
du recrutement.

On sait que par-tout ce fut le premier prétexte des troubles.
Il arriva même que les Contre-Révolutionnaires , ne se mon-
trant d'abord que comme des hommes mécontens du recrutement , les insurrections ne parurent point dans le premier
moment aussi dangereuses qu'elles l'étaient en effet.

I V.

*Après la nouvelle de la Rebellion de la Vendée , le Conseil
n'a point pris des mesures suffisantes pour la réprimer.*

Cette assertion est amplement réfutée par l'exposé simple des
Faits , qui se trouve à la tête de ce Mémoire. On y voit la
sollicitude du Conseil à rassembler des forces suffisantes pour
arrêter un fléau qui semblait menacer la République entière.
Les arrêtés qui y sont rapportés, sont constatés par ses Registres , depuis le 18 Mars , jusqu'au 8 Mai.

D'après les mesures ordonnées, la Loire devait être couverte
en peu de temps par plus de *trente-deux mille hommes* , sans
compter les gardes nationales qui étoient en requisition , sans
compter même les renforts qui devaient être fournis par les
contingens des Départemens limitrophes.

V.

En admettant même que quelques mesures de précaution aient été prises par le Conseil Exécutif, il n'en est pas moins vrai que par une négligence très-répréhensible, ces mesures n'ont pas été exécutées; et les Départemens des côtes sont restés dans le plus grand dénuement.

Les Régistres du Département de la Guerre font foi que les ordres émanés du Conseil ont été transmis, avec la plus grande célérité, aux Généraux et autres Officiers chargés de leur exécution. Il est même exactement vrai qu'une force très-respectable a été successivement rassemblée dans les Départemens envahis. Ces mesures néanmoins n'ont pas eu le succès qu'on devait en attendre.

Les obstacles que le Conseil Exécutif avait à combattre, tenaient à deux causes, dont l'une provenait de la *nature* même de l'expédition, et l'autre des *circonstances* où se trouvait la République. Toutes deux exigent ici des développemens.

1°. Il est de la nature de toutes les rebellions purement populaires, de n'avoir ni une assiette fixe, ni des complices connus, ni même souvent un objet bien déterminé. Sous mille formes et en mille endroits elles se reproduisent, et disparaissent tour-à-tour. Agitées comme les flots de la mer, elles s'appaisent plus promptement encore. Elles entraînent avec elles les hommes timides et faibles. La terreur de ceux qui en échappent, en grossit le nombre : et comme dans ces premiers momens d'effroi, on ne peut en calculer les racines, il est également impossible de deviner l'étendue de leurs branches. La défiance se répand au loin; les amis et les ennemis confondus dans la même Ville, dans le même Hameau, sont partagés entre la crainte du danger, et l'espoir de joindre les insurgens. Chacun ne songe qu'à sa propre sûreté, le bien public est perdu de vue. L'ennemi se trouve par-tout sans être palpable. La crainte en exagère la force. Les Districts voisins, agités en différens sens, se déclarent alternativement pour l'un ou l'autre parti; enfin les rebellions n'ont un caractère bien prononcé, et un objet bien connu, que lorsqu'elles ont pris une marche déterminée, et que leurs mouvemens sont dirigés sur un plan concerté. Jusqu'alors, on ne peut leur opposer des mesures certaines, et le Chef de l'armée qui combat pour la bonne cause, ne pouvant se fier à personne dans le voisinage de la rebellion, et ne pouvant compter que sur les troupes qui lui viennent de loin, est ex-

posé à tous les inconvéniens des mesures nécessairement im-
parfaites.

On doit ajouter une vérité qui fait honneur au Soldat Français ; il combat avec plus d'ardeur un ennemi étranger qu'un
frère égaré.

Il était donc impossible de trouver sur-le-champ , après
l'explosion de la rebellion de la Vendée, des moyens suffi-
sans dans la garde nationale des Départemens voisins, pour en
arrêter les progrès.

2°. Une autre cause du non-succès des mesures prises par
le Conseil Exécutif, tient aux circonstances où se trouvait la
République à l'époque de cette explosion.

Les revers de la Belgique , triste fruit de l'infâme trahison
alors inconnue de Dumouriez , durent attirer sur les frontières du
Nord toute l'attention du Peuple Français et de son Gouvernement. On vit les ennemis irréconciliables de la France prêts
à fondre sur son territoire ; et pour comble de disgrace , on se
crut à la veille d'une défection de la plus grande partie de
notre armée. Bientôt la dissolution totale de la force publique
parut s'approcher. La trahison de Dumouriez publiquement
constatée , les Commissaires de la Convention arrêtés , le Département de la Guerre privé de son Chef au moment où il
en avait le plus grand besoin, l'effroi de Paris, la consterna-
tion des Départemens du Nord , les pertes successives de nos
troupes , le siège de Mayence , tout semblait présager le bou-
leversement de l'Etat , et la destruction d'un Édifice qui avait
coûté tant de sang et de trésors. Le génie français , toujours
sublime dans les dangers, sauva encore une fois la patrie :
mais dans cet intervalle on ne put s'occuper efficacement de
l'armée des côtes ; et c'est sur-tout de cet intervalle que pro-
fitèrent les Révoltés de la Vendée.

Ce n'est pas que les ordres du Conseil Exécutif n'aient été
positifs et pressans , mais des circonstances impérieuses s'oppo-
saient fortement à leur exécution. On trouvera au Bureau de
la Guerre , les preuves nombreuses des entraves qu'ont éprou-
vées les marches des différens corps d'armées destinées à sauver les Départemens des côtes. Les Commissaires de la Convention eux-mêmes , entraînés par la force des circonstances ,
par les remontrances, les supplications des Villes qui se croyaient
en danger sur les frontières , ont contremandé la marche de
quelques bataillons de l'armée du Rhin et de la Moselle , or-
donnée par l'arrêté du Conseil Exécutif du 23 Mars ; peut-être
cette mesure patriotique des Commissaires de la Convention
a-t-elle empêché que le territoire de la République ne fût en-

tamé par l'ennemi : mais indubitablement elle a rendu plus
dangereux les troubles de la Vendée, en traversant les dispositions de prévoyance du Conseil Exécutif. Imputer au Conseil le retard de ces troupes, c'est vouloir lui imputer les trahisons de Dumouriez, toute la fermentation, toutes les contra-
riétés qui en ont été la suite.

Le zèle brûlant avec lequel tous les Citoyens se livrent aux
délibérations qui embrassent le salut et l'indépendance de la
République, en a souvent été la sauve-garde. Le Peuple sans
doute cessera d'être libre, lorsqu'il cessera de s'occuper de
ses intérêts. Mais si ce zèle donne une énergie surprenante à
chaque Section du Peuple, prise séparément, il affaiblit d'un
autre côté les opérations des Pouvoirs constitués, souvent tra-
versées par les mesures partielles des Corps subordonnés, et
d'autant plus que les pouvoirs, qui ne sont que provisoires, s'usent
bientôt par les contradictions. Il est resulté de cet état de cho-
se, particulièrement à l'égard de la rebellion de la Vendée,
la dispersion ou du moins le morcelement d'une armée plus
que suffisante pour arrêter les progrès de cette rebellion. Chaque Ville, chaque Municipalité réclamait le secours d'une partie de cette armée : les unes ont arrêté de leur propre mouvement les détachemens qui se trouvaient à leur portée ; les
autres ont imploré l'autorité des Commissaires de la Convention qui se trouvaient dans leur sein, en ont obtenu un ordre
aux troupes, d'occuper des postes séparés, entièrement étran-
gers au plan formé par le Conseil Exécutif. Toutes n'ont vu
que leur danger immédiat, souvent exagéré par les terreurs
paniques de quelques hommes timides des campagnes qui se
réfugioient dans ces Villes. De cette manière, l'armée s'est
trouvée subdivisée en une infinité de petits corps, trop faibles
pour résister au torrent des Rebelles, qui grossissait à mesure que
la résistance devenait moins redoutable.

Ces faits ont leur preuve dans tous les rapports officiels de
tout ce qui s'est passé depuis le commencement de la rebellion.
On y voit que la prévoyance partielle des Villes et des Muni-
cipalités a ruiné l'armée en la subdivisant. On y trouve une
vingtaine d'Officiers sans commission, transformés en Généraux
d'armée. Qu'on se rappelle les premières dispositions du Conseil ; il ne formait que trois armées principales, auxquelles il
joignait seulement des corps auxiliaires. Ces ordres n'ont point
été strictement exécutés. Au-lieu de tomber en force sur les
Rebelles, et de les poursuivre jusques dans leurs derniers re-
tranchemens, on s'est mis à faire la guerre de poste.

Au reste, le Conseil Exécutif a tout lieu de croire que les

Chefs du Département de la Guerre ont fait tout ce qui dépendait d'eux pour faire réussir le plan qui avait été déterminé. Cependant il est impossible que l'arrestation du Ministre Beurnonville, les délais inévitables de l'installation de son successeur, et les autres changemens survenus dans les Bureaux, n'aient retardé l'activité de ce Département. Ces changemens, qui coïncident avec les premiers mouvemens de la Vendée, ne peuvent en aucune manière être imputés au Conseil Exécutif. Ils font partie des autres circonstances malheureuses et imprévues qui ont entravé l'exécution de ses mesures.

CONCLUSION.

LES Peuples, de même que les individus, profitent rarement des malheurs de ceux qui les ont précédés. Une triste expérience nous a tracé la marche que désormais il nous convient de suivre. L'*Unité de la République*, solemnellement reconnue par le Peuple Français, ne peut être consolidée que par l'*Unité d'action dans le Gouvernement ;* sans quoi l'Empire Français ressembleroit à une armée où chaque Capitaine serait Commandant en chef de sa compagnie. Ce principe d'unité dans l'action vient d'être consacré par le décret de la Convention Nationale, qui prononce une peine rigoureuse contre tous les Agens secondaires qui entraveront les mesures du Conseil Exécutif. Cette Loi doit produire les effets les plus salutaires, sur-tout pour les opérations ultérieures de notre armée contre les Rebelles. L'Administration pourra calculer les sacrifices particuliers qu'il sera à propos de faire pour atteindre le but qu'on a en vue, et pour dédommager la Nation, par des succès signalés et décisifs, des efforts généreux qu'elle vient de faire pour dompter les Rebelles.

Au reste, leur nombre a indubitablement été exagéré par les appréhensions de ceux qui, en raison de leur voisinage, craignaient d'être victimes de leur fureur, ou de ceux qui, par des motifs secrets, ont grossi leur force pour répandre la terreur. Il est de fait qu'on n'en a jamais vu plus de *vingt - cinq mille* rassemblés, la plupart mal armés. Ce nombre est très-réduit aujourd'hui.

En résumant les réflexions, qui viennent d'être faites, on trouvera :

1°. Qu'il n'est point étonnant que le Conseil n'ait point été instruit des troubles de la Vendée à temps pour les prévenir, puisque les Corps Administratifs et les Commissaires de la Convention, qui étoient sur les lieux, n'en ont eu aucun soupçon.

2º. Que cette Rebellion ne paroît être liée en aucune manière avec celle de la Bretagne, et que, si par sa vigilance le Conseil Exécutif est parvenu à découvrir celle-ci, il ne s'ensuit pas qu'il auroit dû également prévenir celle de la Vendée.

3º. Que le Conseil Exécutif a pris successivement toutes les mesures qui dépendaient de lui pour réprimer efficacement la rebellion de la Vendée.

4º. Que ces mesures sont constatées, non-seulement par les Registres du Conseil, mais par la Correspondance officielle du Département de la Guerre, et par les ordres qui en ont émané.

5º. Que des circonstances impérieuses ont empêché l'exécution de ces ordres; et que la marche adoptée par le Conseil a été souvent entravée, et ses dispositions croisées par différens Pouvoirs.

6º. Qu'outre le concours de plusieurs circonstances malheureuses qui ont favorisé le progrès des Rebelles, ceux-ci ont profité de plusieurs avantages qui tiennent à la nature même de leur entreprise.

7º. Enfin que l'armée des côtes qui, formée de très-bonne heure, eût peut-être prévenu toute explosion, n'a pu être formée et organisée par le Conseil qu'après le recrutement, dont le mode n'a été fixé par la Convention qu'à la fin de Février; que depuis ce moment le Conseil a veillé soigneusement à l'exécution du décret, et à la sûreté des Départemens envahis; et que d'après l'examen le plus sévère de sa conduite, qu'il est toujours prêt à soumettre à la censure de ses Commettans, le non-succès de ses mesures ne peut lui être imputé.